어린이 글쓰기 워크북

꼬마 작가를 위한
창작 동화 만들기

어린이 글쓰기 워크북

꼬마 작가를 위한
창작 동화 만들기

워크북을 기획하며

모든 부모님은 '꿈꾸는 토끼'입니다.

아이들이 쓴 창작동화집 '꿈꾸는 토끼'가 세상에 나오고 나서 아이들이 어떻게 이렇게 글을 잘 쓸 수 있는지 방법을 묻는 분들이 많아졌습니다. 그런데 아이들이 상상하는 대로, 아이들이 쓰고 싶은 대로 쓴다고 말씀드리는 것으로는 이해가 되지 않으시는 것 같았어요. 생각해보니 아이들끼리만 했다면 지금처럼 좋은 작품이 나오기는 어려웠을 것 같습니다. 아이들과 눈을 맞추고 이야기를 들어주고, 아이들이 궁금한 것을 함께 이야기해주는 시계토끼 같은 선생님이 계시다는 점을 빠뜨릴 수가 없더군요.

그래서 '앨리스와 토끼'에서 진행하는 글쓰기 수업 채움랩의 과정을 고스란히 담아 보기로 했습니다. 아이들의 상상의 세계, 원더랜드로 가는 지도인 셈이지요. 일상생활에서 아이와 함께 있는 누구라도 시계토끼가 되어줄 수 있습니다.

하지만, 시계토끼에게는 지켜야 할 몇가지 규칙이 있답니다.

아이의 이야기 끊지 않기.
아이의 상상을 평가하지 않기.
아이의 이야기를 이해시켜달라고 조르지 않기.

자 이제 준비가 되었습니다.
워크북을 펴고 아이와 이야기를 나눠보세요. 눈을 맞추고 우리 아이에게 원더랜드의 문을 활짝 열어주세요. 원더랜드에서 쑥쑥 자라는 우리 아이를 상상하는 순간 부모님도 행복한 '꿈꾸는 토끼'가 된답니다.

'예술치유연구소 앨리스와 토끼' 대표, 심리치료사 **최 민 순**

차례

워크북을 기획하며 4
시작하는 글 10
필명을 만들어보자 12
사인도 만들어보자 14
나는 누구일까? 16
나는 특별해. 뭐가? 18
일주일동안 기억에 남는 일은 뭐가 있을까? 20
넌 뭘 잘하고 싶어? 22
그림 낙서 24

01 이야기 세포 발견하기

네가 좋아하는 이야기는 뭐야? 30
네 소원은 뭐야? 32
혹시 요즘 고민이 있어? 34

02 이야기 세포 키우기

언제 그랬어? 40
누가 그렇게 했어? 42
도대체 무슨 일이야? 44
어떻게 그런 일이 일어났어? 48

03 이야기 세포 가꾸기

마인드맵 56
사실에 상상을 보태봐! 58
이야기 자연스럽게 연결하기 62
다른 등장인물들은 뭘 하면 좋을까? 66
어떻게 하면 주인공이 원하는 대로 될까? 70

04 이야기 세포 다듬기

네 이야기가 어때? 76
인물의 기분이 잘 표현된 것 같아? 78
친구들이 듣는다고 생각하고 읽어보기 82

05 이야기 그림 만들기

머리속에 있던 등장인물들을 탄생시켜 볼까? 88
이야기의 장면을 나눠보자 92
제목을 정해보자 96
키트를 이용해서 너만의 책으로 완성해봐 98

부록 선배 꼬마 작가의 글

콩이의 하루 - 양은서 102
마법의 운동화 - 김호운 106

본 워크북에는 꼬마작가 창작동화집 [꿈꾸는 토끼]의 내용이 예시로 수록되어 있습니다.

시작하는 글

　창작이란 작가가 전하고 싶은 내용을 자기만의 방식으로 새롭게 창조해 내는 일이야. 동화도 그런 창작품의 하나지. 그럼 동화는 어떻게 창작하는 걸까?

　우리 마음에 있는 모든 이야기가 동화가 될 수 있어.
　마음에 드는 이야기가 없다구? 잘 생각해봐. 그렇지 않을 걸?
　실제로 경험한 일도 있고, 책에서 읽은 것도 있고, 누군가가 들려준 것도 있을 거야.

　어때? 이야기가 조금씩 떠오르지? 그래도 네 이야기는 모두 재미없는 것들뿐이라고? 처음엔 다들 그렇게 말하곤 해. 그럴 땐 거기에 상상을 더해보는 거야. 이를테면 말을 하는 강아지, 매일 일요일이 되는 마법, 사람이 된 햄버거, 사랑에 빠진 비둘기, 조선시대로 가는 타임머신, 이 모든 게 꼬마작가들이 자신의 이야기에 상상을 더해 창조해 낸 거야. 네가 경험한 것에 조금만 상상을 더하면 재미있는 동화가 만들어 진단다.

그리고 책에서 본 이야기, 누군가에게 들은 이야기에도 네 상상을 더하면 새롭고 재미있는 이야기로 만들 수 있어. 그러다 보면 신화 같은 이야기가 되기도 하고, 마법 같은 이야기가 탄생하기도 하지. 실제로는 없지만 어딘가에 있을 것 같은 세상, 있었으면 하는 세상을 너도 만들어보고 싶지 않니?

동화작가 **천 희 순**

필명을 만들어보자

　필명은 글을 쓰고 발표할 때 사용하는 이름이야. BTS(비티에스)알지 방탄소년단 같은 연예인들도 진짜 이름을 사용하지 않고 예명이라는 가짜 이름을 사용해. RM, 진, 슈가, 제이홉, 뷔, 정국 같은 이름들이야. 작가도 그런 경우가 있어. 책을 발표할 때 진짜 이름을 쓰지 않고 자신이 만든 필명을 쓰는 거지. 물론 모두 그런건 아니야. 하지만 자신의 이름을 스스로 만들어 보는 것도 흥미로운 일이겠지? 넌 어때? 너도 필명을 만들어 볼래?

　가수들처럼 새로운 이름을 만들어도 좋고, 이름과 이름을 섞어서 맘에 드는 두 글자나 세 글자 이름을 만들어도 좋아. 이제 만들어 볼까?

　제이제이, 슈, 지니, 써니, 벤츄, 대도, 강백호…
넌 어떤 이름이 맘에 들어?

이제 써보자.

사인도 만들어보자

 나를 좋아하는 팬을 언제 만날지 모르니까 사인을 만들어 보면 어떨까?

 어느날 갑자기 사인을 해달라는 팬을 만났는데 사인이 없으니 머뭇거리게 되더라고. 미리 준비했더라면 멋지게 사인 해 주었을텐데.

 사인을 만들기 전에 우선 필기도구를 정해보자. 어떤 필기도구가 좋을까? 연필, 볼펜, 사인펜, 네임펜, 만년필 같은 것들 중에 골라보자. 펜마다 굵기도 다르고 느낌도 다르니까 네가 좋아하는 펜을 찾아봐. 어떤 작가는 만년필로 사인을 한다고 해. 사인을 할 때 쓰기 편하기 때문이래. 넌 어떤 필기도구로 정했어?

이제 써보자.

나는 누구일까?

　자, 이제 이야기를 써볼까? 그런데 막상 글을 쓰려고 하면 잘 안 써 질 거야. 작가가 되기 위해 연필을 잡았지만 아무 생각도 안 나고 답답할거야? 어떤 일을 처음 할 때는 누구나 다 그래.

　어떤 이야기를 쓸까 고민하기 전에 나는 누구인지 소개해보면 어떨까? 네가 쓰는 이야기는 네 주변에서 일어난 일이거나 네가 상상한 것들이 대부분일 거야. 그래서 자신을 돌아보면 뭔가 떠오를 수 있거든. 다른 친구들한테 보여줄 건 아니니까 맘대로 써도 돼. 이건 비밀이니까 나만 볼 수 있도록 하자.

이제 써보자.

이름

나이

키와 몸무게

가족 관계

좋아하는 동물

좋아하는 음식

좋아하는 운동

아빠에게 하고싶은 말

엄마에게 하고싶은 말

나는 특별해. 뭐가?

　이 세상에 나와 똑같은 사람은 한 명도 없어. 쌍둥이라고 해도 똑같을 수는 없잖아. 사람은 모두 달라. 남과는 다른 자신만의 특별한 점이 있기 마련이지.

　나만의 특별한 점이 뭐가 있을까? 5개만 적어보자.
특별한 점이 반드시 훌륭한 것일 필요는 없어.
남들과 다른 너의 모습을 찾아보면 되는 거야.

　예) 나보다 방구 소리가 큰 사람은 없어.
　　　나처럼 말 많은 사람은 없을 걸.
　　　나는 잠을 엄청 많이 자.

이제 써보자.

1.

2.

3.

4.

5.

일주일 동안 기억에 남는 일은 뭐가 있을까?

　일주일 동안 어떤 일이 있었는지 기억하니? 금방 떠오르지 않을 거야. 그렇다면 곰곰이 기억을 더듬어 보자. 매일 아침 밥을 먹고, 학교에 가고, 숙제를 하고…. 똑같은 일만 반복했다고? 어쩌면 그랬는지도 몰라. 하지만 어제와 오늘이 똑같을 수는 없을 거야.

　오늘 급식메뉴는 뭐가 있었어? 혹시 네가 좋아하는 짜장면이 나오지 않았니? 아니면 네가 제일 싫어하는 브로콜리 볶음이 나왔을지도 모르겠다. 그래서 새치기 하는 친구는 없었고? 그렇다면 분명히 어제와는 다른 무슨 일인가 있었을 거 같은데…. 꼭 특별한 사건이 아니어도 괜찮아. 평범한 일이었어도 계속 생각하다 보면 쓰고 싶은 이야기가 생기기 마련이야.

이제 써보자.

1.

2.

3.

넌 뭘 잘하고 싶어?

　누구나 잘하고 싶은 것이 하나쯤은 있을 거야. 간절히 바라는 것이어도 좋아. 난 그림을 잘 그리고 싶어. 그리고 예쁜 목소리를 갖고 싶어. 뭐? 목소리는 바꿀 수 없다고? 상상은 얼마든지 해 볼 수 있는 거잖아.

　당장 이룰 수 없거나 불가능한 것도 괜찮아. 떠오르는 것들을 써 보자.

　예) 100점짜리 시험지를 받고 싶은 거?
　　　힘 센 형보다 더 힘이 쎄질 수 있다면….
　　　친구들에게 인기 많은 재미있는 사람이 되는 거?
　　　아이돌처럼 춤을 잘 출 수는 없을까?

이제 써보자.

그림 낙서

　낙서 한번 해볼까? 무엇이든 괜찮아. 기분대로 해보는 거야. 선을 그어도 좋고, 동그라미를 여러 게 그려도 괜찮아. 그림도 좋고.

　너희가 한 낙서에서 숨은 그림을 한번 찾아볼까?
　뭐가 보여? 어, 별이 있네. 저기는 공룡도 있고, 넌 물고기가 제일 많구나!

　왜 이렇게 엉뚱한 낙서를 했냐고? 그건 이 낙서로 너의 생각이나 이야기를 들여다 볼 수 있기 때문이야. 네가 한 낙서에 자동차가 보인다고? 그렇다면 자동차를 타고 놀러갔던 이야기를 떠올려 보자. 그렇게 이야기 세포를 발견 할 수도 있어.

이제 써보자.

1장

이야기 세포 발견하기

이야기 세포 발견하기

이야기를 시작하려면 무엇이 필요할까?

당연히 하고 싶은 이야기가 있어야 해.

그런 거 없다고 손사래 치는 친구들이 있군.

그렇지 않아.

누구나 여러 가지 이야기 세포를 가지고 있어. 그런데도 없다고 말한다면 아직 눈에 보이지 않아서 그런 거야.

너희들이 찾으려고 하지 않았으니 발견할 수 없었던 거지.

이야기 세포를 만들기 위해서는 조용히 자신을 들여다 봐야 해. 그리고 자신에게 질문을 하는 거야.

난 언제 제일 행복하지?

언제 제일 슬프지?

무엇을 할 때가 제일 즐거울까?

무슨 질문이든 상관없어.

네가 좋아하는 이야기는 뭐야?

　너는 어떤 종류의 이야기를 좋아해? 강아지 똥이 주인공인 이야기? 마법사들의 세계를 그린 환상 이야기? 아니면 영웅 이야기나 귀신 이야기를 좋아할 수도 있겠다. 그게 아니라면 생활 속에서 어려움을 극복하는 이야기나 역사와 과학 지식에 관한 이야기에 흥미를 느낄 수도 있겠지.

　평소에 좋아하는 이야기 속 주인공을 네가 상상한 캐릭터로 바꿔 보는 건 어떨까? 그럼 훨씬 쉽게 이야기를 만들 수 있을 거야.

　마법 이야기를 좋아한다면 마법사를 주인공으로 써 보자. 그렇게 하면 비슷한 이야기가 만들어지는 게 아니냐고? 정말 그럴까? 마법사는 마법사인데 마법을 잘 못하는 인물이라고 상상을 해 봐. 당장이라도 뭔가 사건이 일어날 것 같지? 분명 새로운 이야기가 탄생할 거야.

이제 써보자.

네 소원은 뭐야?

　누구에게나 꼭 이루고 싶은 소원이 있을 거야. 내 소원은 천국에 있는 엄마를 만나는 거야. 네 소원은 뭐야? 뭐? 세종대왕을 만나고 싶다고? 그렇게 된다면 얼마나 좋을까? 전교 1등을 하고 싶다거나 우주여행을 하고 싶은 친구도 있을 거야. 너희들의 소원이 이루어지는 걸 이야기로 써보는 건 어떨까? 상상만으로도 신나지 않니?

　소원이 꼭 거창할 필요는 없어. 줄넘기를 잘 할 수 있게 된다거나, 아빠가 담배를 끊게 된다거나, 오늘 저녁 식사로 피자를 먹고 싶은 것도 소원이 될 수 있지. 그런데 이런 게 무슨 이야기가 되냐고? 당연히 흥미로운 이야기가 될 수 있어. 먹고 싶은 피자를 엄마가 안 사주려고 한다면 너는 어떻게 할 거야? 그냥 막 떼를 쓴다고? 아니면, 일단 피자가게에 주문 전화를 하겠다고? 그것보다 조금 더 지혜로운 계획은 없을까? 이 계획이 너의 재미있는 이야기가 되어 줄 거야.

이제 써보자.

혹시 요즘 고민이 있어?

요즘 네 마음은 어때? 요즘 생활에 만족하니? 아니라고? 고민이 많다고?

정말 잘된 일이군. 오해는 하지 마. 놀리려고 한 말은 아니니까. 고민이 많으면 그것을 해결하기 위해서 무언가 노력을 해야 하잖아? 그 노력의 과정 역시 이야기가 될 수 있거든. 실제로 할 수 없을 것 같은 모험도 상상 속 이야기에서 마음껏 해볼 있어. 그것만으로도 신나는 일 아니니? 그렇게 이야기를 쓰다 보면 현실 속 너의 고민이 해결될지도 몰라.

이제 써보자.

2장

이야기 세포 키우기

이야기 세포 키우기

하고 싶은 이야기를 골랐다면 이제는 이야기를 키울 차례야.
이야기 세포가 지금은 씨앗이나 새싹 정도라는 거지.
싹을 틔우고 그 싹이 무럭무럭 자라야 제 모습을 갖추는 거잖아.
이야기도 마찬가지야. 천천히 정성을 들이고 돌봐줘야 해.
넌 어떤 이야기를 골랐어?
다시 말하면 제일 하고 싶은 이야기는 뭐야?

나를 귀찮게 하는 동생을 혼내주고 싶다고?
내 맘대로 실컷 게임을 할 수 있으면 좋겠고, 나를 괴롭히는 친구랑 잘 지낼 수 있는 방법을 알고 싶다고?
부모님이 약속을 꼭 지켰으면 좋겠다고?
놀이공원 간다는 약속은 안 지키면서 너희들에게만 약속을 지키라고 한단 말이지?

정말 하고 싶은 이야기가 너무 많구나!
그렇다면 네가 하고 싶은 이야기를 어떻게 키우면 좋을까?
동생이 너를 어떻게 귀찮게 했는지, 귀찮은 동생을 어떤 방법으로 혼내주면 될지 생각해 보는 거야.
동생이 너를 귀찮게 했던 일은 실제 이야기지만 혼내주는 방법에는 상상을 곁들여도 괜찮아.
상상 속에서는 무슨 일이든 일어날 수 있잖아.
동화 속 상상은 이야기를 더 재미있게 만들어 주거든.

언제 그랬어?

　네가 하고 싶은 이야기를 하나 골라봐. 그 이야기가 언제 일어나는 게 가장 재미있을까? 만약 시간여행을 한다면 미래로 가는 게 좋을까? 아니면 과거로 가는 게 좋을까? 답은 없어. 네가 잘 표현할 수 있는 시대를 고르면 되는 거야. 왕과 신하의 이야기라면 과거 시대가 좋겠지만, 인터넷이나 유튜브 이야기라면 현재가 좋겠지. 그것 역시 정해진 건 없어. 미래로 가게 된 왕과 신하라면 또 다른 이야기가 될 수 있으니까. 작가가 무엇을 말하고 싶은지에 따라 배경도 다르게 정하면 돼.

　그리고 하나 더! 그 사건이 언제 일어난 일인지 정확하게 알려주는 것은 중요해. 계절은 언제인지, 아침에 일어난 일인지, 저녁에 일어난 일인지 정하는 것에 따라서도 이야기가 달라지겠지?

이제 써보자.

누가 그렇게 했어?

지금까지 이야기에 어울리는 배경을 만들었다면 이제는 인물을 정할 차례야. 물론 인물을 먼저 만드는 작가도 있어. 혹은 배경과 인물이 동시에 떠오르기도 하지. 모두 다 괜찮아. 인물과 배경이 잘 어울릴 수만 있다면 말이야.

이야기의 배경이 멈춰있는 그림이라면 인물은 이야기를 움직이게 하는 역할을 해. 특히 주인공은 더욱 중요하지. 작가는 주인공을 자세히 알고 있어야 해. 그래야 주인공이 행동할 때마다 이야기가 자연스럽게 만들어 지거든. 네가 상상한 이야기의 주인공은 몇 살이야? 남자야 여자야? 뭐? 자동차가 주인공이라고? 주인공이 자동차라도 어떻게 태어났는지, 뭘 할 때 제일 즐거운지, 하기 싫어하는 일은 무엇인지 정확하게 정해야 해. 정보가 많으면 많을수록 인물이 너희 머릿속에서 살아서 움직이게 될 거야.

이제 써보자.

도대체 무슨 일이야?

　햄버거가 사람이 됐다고? 그거야말로 대단한 사건인데? 평소와는 다르게 주목할 만한 일을 사건이라고 하잖아. 이야기에서 사건은 중요해. 사람들은 놀랄만한 사건이 일어나면 관심을 갖고 지켜 보잖아. 네가 쓰는 이야기도 독자를 궁금하게 만들어야 해.

　햄버거가 사람이 된 사건이 일어난다면 독자는 다음은 어떻게 될까 궁금하겠지. 햄버거가 된 주인공은 그 다음에 어떤 행동을 하면 좋을까? 그 행동이 또 다른 사건을 만드는 거야. 사건은 또 다른 크고 작은 사건으로 연결되는 거지. 그런 사건들이 여러 개 모여서 이야기가 만들어 지는 거야.

※ 선배 꼬마 작가의 글

어느 날 아침, 한 버거가 인간이 되어 있었다.
그의 이름은 김버거였다.
사람이 된 그는 돈이 필요했다.
그래서 버거퀸에서 아르바이트를 하게 되었다.
하지만 동족의 죽음을 참지 못하고 뛰쳐나와 버렸다.
이제 그는 돈 한 푼 없는 거지가 되었다.
'돈을 벌어야 하는데….'
걱정을 하며 길을 가는 도중 현수막을 발견했다.

    <콜라 발명품 만들기 대회>
    지금 당장 참가하세요!
    콜라만 들어가면 어떤 방법이든 상관없습니다.
    상금은 기대해도 좋습니다.
    이 대회는 Mr. 콜라와 함께 합니다.

그걸 본 김버거는 "어머 이건 꼭 해야 해"라며 즐거워했다.

김버거는 자신만만하게 대회 참가 신청을 했다.

예전에 햄버거였기 때문에 콜라에 대해서는 누구보다 자신이 있었다.

김버거는 집으로 돌아와 어떤 발명품을 만들지 고민하기 시작했다.

'사람들에게 도움이 될 만한 것을 만들고 싶은데….'

많은 고민 끝에 '콜라자동차'를 만들기로 했다.

시작해볼까..

홍서진, 〈버거의 일생〉 중에서

이제 써보자.

어떻게 그런 일이 일어났어?

　배경과 인물 그리고 사건을 정했다면 이 사건이 일어날 수밖에 없었던 이유와 과정을 만들 차례야. 마법의 운동화를 얻게 된 주인공을 떠올려 보자. 이 이야기는 주인공이 빨리 달리고 싶은 간절한 마음을 가지고 있었기 때문에 생겨난 일이야. 원래부터 달리기를 잘하는 주인공이라면 마법의 운동화 따위는 필요 없었겠지.

　우리가 만드는 사건은 그냥 일어나는 게 아니야. 반드시 사건이 일어나는 이유가 있어야 해. 그래서 사건을 이어가면서 스스로에게 '왜?'라는 질문을 계속 해야만 해.

※ 선배 꼬마 작가의 글

　다음날 짭짭이는 즐거운 마음으로 운동화를 신고 학교에 갔다.
　1교시는 수학시간이었다. 짭짭이는 수학을 좋아하지는 않았지만 싫어하지도 않았다. 수학시간이 지나고 2교시는 체육시간이었다.
　'오늘 제발 달리기만 안했으면 좋겠는데….'
　그런데 오늘은 이어달리기를 했다.
　'왜 하필이면….'
　게다가 짭짭이는 마지막 차례였다.
　짭짭이는 어제 산 운동화를 내려다보았다.
　'가볍고 편한 것 같아.'
　드디어 짭짭이 차례가 되었다.
　운동화가 편해서 그런지 짭짭이는 오늘따라 조금 빨리 뛰는 것처럼 느꼈다.
　도착지점에 가자 아이들 모두 놀란 표정으로 짭짭이를 보았다.

"야, 너 3초 안에 백미터를 뛰었어!"
친구들뿐만 아니라 선생님도 놀란 것 같았다.
쨉쨉이 역시 놀랐다.
하지만 기분이 좋았다.
'정말 할아버지가 빨리 달릴 수 있는 신발을 골라준 건지도 몰라.'
마법의 운동화를 갖게 된 쨉쨉이는 기분이 좋았다.

김호운, 〈마법의 운동화〉 중에서

이제 써보자.

3장

이야기 세포 가꾸기

이야기 세포 가꾸기

작은 세포였던 이야기가 여러 가지를 뻗은 이야기가 되었어.
이야기가 되기 위한 몸이 되었다는 거지.
그렇다면 이제는 이야기를 자연스럽게 가꿀 시간이야.
실제 이야기일지라도 동화로 만들기 위해서는 꾸미고 가꾸는 게 필요하거든.

그래서 네 이야기가 잘 전달될 수 있도록 인물이나 사건들을 잘 꾸며야 해.
진짜 이야기처럼 말이야.

마인드 맵

이야기 세포 발견하기

"이 중에 세포를 하나 정해서 문장으로 만들어봐."

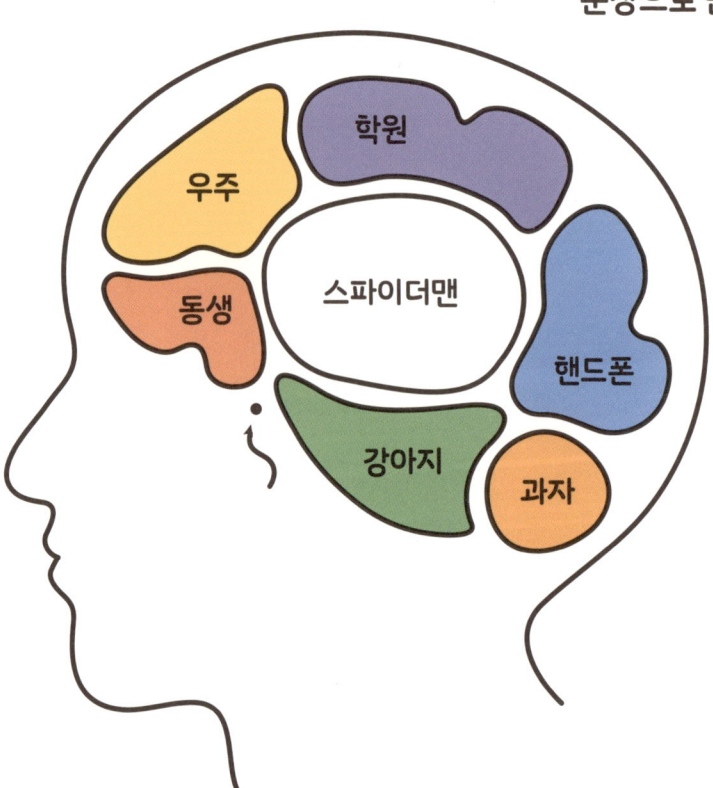

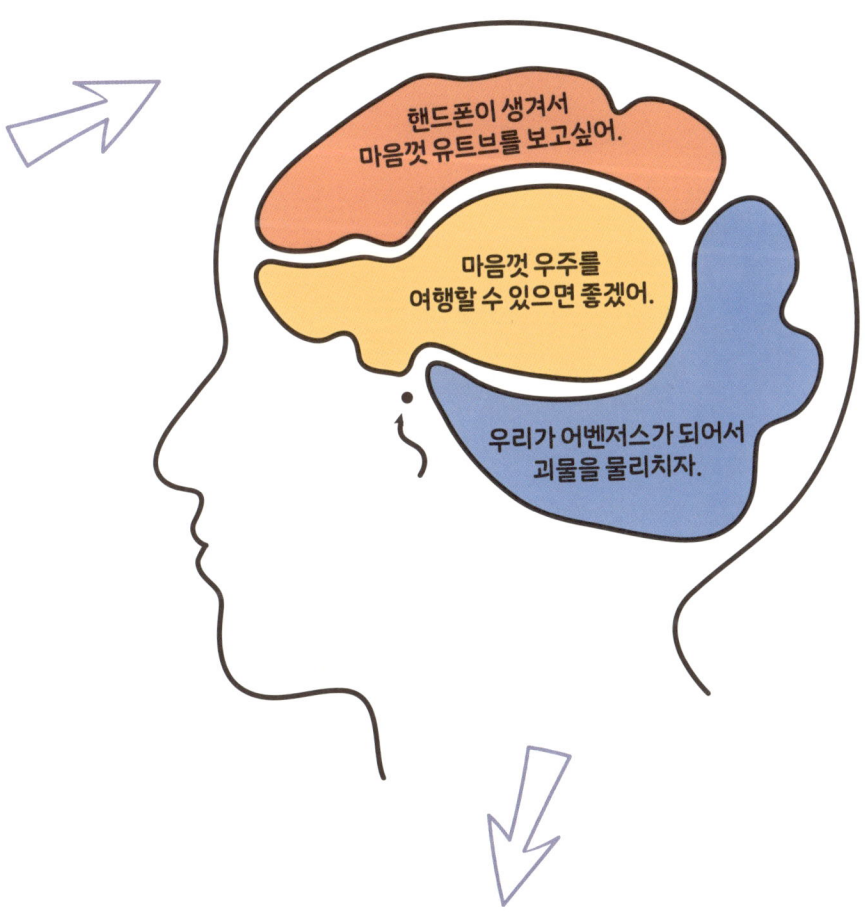

사실에 상상을 보태봐!

　우리가 만드는 동화는 있었던 사실을 그대로 써야하는 건 아니야. 경험과 상상을 잘 버무려서 읽는 사람들이 진짜처럼 느끼게 하는게 중요해. 진짜 이야기 같아야 재미있거든. 동화를 읽고 '이건 좀 어색해!'라고 말한다면 그건 진짜처럼 느껴지지 않는다는 말이잖아. 그래서 작가는 상상으로 만든 이야기 일지라도 진짜처럼 받아들이게 만들어야 해.

　엄마가 학교에 오거나 모임에 갈 때는 어떤 모습이야? 화장을 하고, 멋진 옷을 입고, 반짝이는 신발을 신잖아. 엄마가 학교에 오는데 집에서 봤던 모습 그대로 온다면 어떨까? 어쩌면 넌 엄마를 모른 척 할지도 몰라. 네 이야기도 마찬가지야.
　이야기가 동화로 탄생하려면 그것에 맞는 옷을 잘 입어야 하는 거지. 그래서 네 이야기가 잘 전달될 수 있도록 인물이나 사건들을 잘 꾸며야 해. 진짜 일어난 이야기처럼 말이야.

※ 선배 꼬마 작가의 글

　어느 날, 뉴스에 화재 현장을 보도되고 있었다.
　폭탄테러 현장이었는데 폭탄해부를 해서 생존자를 구해야 한다는 내용이었다.
　그런 로봇을 만들 수 있는 사람이 필요하다는 것이었다.
　"그래. 내가 한 번 해 보자!"
　서준이는 지원을 했고, 로봇 만들기 프로젝트에 참여할 수 있었다.
　로봇의 외관을 만드는 사람 3명, 내장 칩을 만드는 사람 1명, 마지막으로 가장 중요한 나노입자를 이용해 크기를 다루는 사람인 서준이까지 모두 5명이 모였다.
　일주일에 3번씩 만나 4달 동안 노력한 끝에 '구조로봇 까까'를 만들 수 있었다.
　서준이와 4명은 뉴스에 출연해 화제가 되었다.
　얼마 후, 처음으로 '구조로봇 까까1'을 화재 현장에서 사용하는 날이 찾아왔다.
　윙윙윙.

현장에 투입된 까까는 건물 속으로 들어갔다.

"전.방.사.미.터.사.람.열.세.명.옥.상.으.로.올.라.가.세.요!"

까까가 준 정보로 생존자들을 구조했다.

뚜뚜뚜.

"통신 중…. 현재 이 건물에는 103명의 사람이 있음. 현재 102명 모두 생존. 1명 신원 불명. 현재 3층 화장실에 갇혀 있는 걸로 추정."

그때였다.

삐.삐.삐.삐.

구조로봇 까까의 배터리가 6% 밖에 남지 않았다는 경고음이 들렸다.

구조대원들은 까까가 알려준 대로 3층 화장실에 사다리를 올려 마지막 사람까지 구조했다.

이 화재 현장은 사망 0명, 실종 0명인 현장이 되었다.

황인우, 〈까까머리 사용법〉 중에서

이제 써보자.

이야기 자연스럽게 연결하기

　세포 키우기에서 이야기의 큰 줄기를 만들었어. 꼬마 작가의 글에서 보면 옥민이가 타임머신을 타고 가서 세종대왕을 만나는 큰 줄기의 이야기가 있었잖아. 옥민이가 타임머신을 어떻게 타게 되는지, 세종대왕은 어디서 어떻게 만나게 되는지 자세한 장면을 정해야 할 거야. 그래야 이야기가 자연스럽게 연결 되거든.

　자연스럽다는 것이 쉬운 것처럼 보이지만 자연스럽게 만드는 것은 매우 어려운 일이야. 봄이 가면, 여름이 오고, 가을이 가면 겨울이 오는 것처럼 이야기에도 자연스러운 순서가 중요해.

※ 선배 꼬마 작가의 글

　어느 날, 옥민이가 길을 가다가 자동차에 박아 사고를 당한 아저씨를 보았다.
　옥민이는 119에 전화해 아저씨를 살렸다.
　아저씨가 옥민이에게 고맙다며 이상한 상자를 주었다.
　사실 아저씨는 미래에서 온 사람이었다.
　아저씨는 타임머신을 타고 현재에 왔다가 사고가 난 것이다.
　"날 살려줘서 고맙다. 그래서 보답을 하고 싶은데……."
　아저씨는 옥민이에게 속삭였다.
　"서울역사박물관 화장실에 가서 이 상자를 들고 똥싸리꼬리씨라리라고 말해 봐."
　'뭐? 똥싸리꼬리씨라리?'
　옥민이는 정말 이상한 아저씨라고 생각했다.
　"그런데 화장실에서 왜 그래야 해요?"
　"미안하지만 그건 말해줄 수 없다. 어쨌든 가 보아라."
　옥민이는 잊어버리기 전에 수첩에 '똥싸리꼬리씨라리'라고 썼다. 그리고 서울역사박물관에 갔다.

서울역사박물관 화장실에 도착한 옥민이는 주문을 외웠다.
"똥싸리꼬리씨라리!"
그러자 어떤 통로가 나타났다. 깜짝 놀란 옥민이는 통로로 다가가 보았다. 옥민이는 통로 속으로 빨려 들어갔다.

김채민, 〈이 세상에서 가장 이상한 타임머신〉 중에서

이제 써보자.

다른 등장인물들은 뭘 하면 좋을까?

　우리는 살아가면서 많은 사람을 만나게 돼. 서로 돕기도 하고, 어떤 때는 싸우면서 여러 가지 일들이 생겨나기도 하지. 네가 만든 이야기에도 그런 많은 사람들이 등장할 거야. 주인공이 중요한 건 당연한 것이고, 주인공의 주변 인물도 잘 만들어야 해. 등장인물들은 이야기를 키워가는 중요한 역할을 하거든.

　꼬마작가의 글에서 보면 뚱이에게 황금뼈다귀를 가지고 오도록 한 인물은 개라대왕이었어. 주인공은 아니지만 이야기를 만들어가는 아주 중요한 역할을 하고 있는 거야. 네 이야기를 풍성해지게 도와주는 인물은 누가 있을까?

※ 선배 꼬마 작가의 글

　뚱이가 눈을 떠보니 처음 보는 곳에 있었다. 뚱이는 무서웠다. 그때 어디선가 목소리가 들렸다.
　"뚱이야, 이리로 와!"
　마치 주인이 부르는 것 같았다. 뚱이는 목소리가 들리는 곳으로 달려갔다. 하지만 주인은 없었다. 대신 개 한 마리가 아주 높은 의자에 앉아있었다.
　"누구세요?"
　뚱이가 높은 의자에 앉은 개에게 물었다.
　"나는 이곳의 왕인 개라대왕이다."
　"여기가 어딘데요?"
　"여기는 죽은 개들이 오는 저승이다."
　"제가 죽었다고요? 전 여기 있고 싶지 않아요. 저는 다시 제 집으로 가고 싶어요!"
　그러자 개라대왕이 알 수 없는 미소를 지으며 말했다.
　"그럼 먹보섬에 가서 황금뼈다귀를 가져와라! 그럼 너를 집으로 보내주마."

"정말이요?"

"하지만 해가 지기 전에 도착해야해."

뚱이의 머리 위로 저승해가 떠있었다.

"좋아요! 근데 먹보섬은 어디로 가야해요?"

그러자 개라대왕이 어두운 동굴을 가리켰다.

"저 길로 가면 배 한 척이 있을 거야. 그걸 타고 가면 먹보성에 도착할 거다."

뚱이는 어두운 동굴이 무서웠지만 집으로 돌아가고 싶어 용기를 내 동굴로 들어갔다.

김호운, 〈뚱이, 저승에 가다〉 중에서

이제 써보자.

어떻게 하면 주인공이 원하는 대로 될까?

　주인공이 어려움에 빠졌다고? 작가라면 멋지게 구해줄 방법을 생각해봐야겠지? 하지만, 혼자서 이 모든 방법을 다 만들어 내는 것은 힘들 거야. 그렇다면 친구들에게 네 이야기를 들려주고 의견을 물어보는 것도 좋은 방법이야. 사람들의 이야기를 잘 듣다보면 생각지도 않은 너만의 방법이 떠오르기도 해. 물론 주변 사람들의 말을 꼭 다 들을 필요는 없어. 작가는 바로 너니까! 지금 좋은 아이디어가 떠올랐다고? 그렇다면 어서 노트를 펼쳐!

이제 써보자.

4장

이야기 세포 다듬기

이야기 세포 다듬기

자, 이제 정말 이야기가 다 만들어진 건가?
이런 말하기 좀 미안하지만 아직은 아니야.
다 완성된 것 같지만 아직 더 중요한 과정이 남아있어.
처음과 중간, 그리고 끝까지 다 썼는데 왜 아직이냐고?
그렇게 생각할 수도 있겠네.
하지만 지금까지 네가 쓴 건 초고일 뿐이야.
초고란 처음 쓴 원고라는 뜻이지.
아직 다듬어지지 않은 상태라는 거야.
그래서 마지막으로 반드시 다듬는 시간이 필요해.

네 이야기가 어때?

우선 다시 읽으면서 고칠 부분이 없는지 봐야겠지? 쓸 때는 몰랐지만 어색한 부분들이 보일 수도 있어. 어? 앞에서는 혼자 자전거를 타고 가는 줄 알았는데, 읽다 보니 갑자기 친구들과 함께 하는 여행이 되어 있네? 지금이라도 발견했으니 괜찮아. 차분하게 친구들이 나타난 이유를 잘 설명하면 돼.

이 과정이 귀찮고 힘들 수도 있을 거야. 하지만 반드시 필요한 단계라는 걸 명심해. 기다리고 기다리던 워터파크에 놀러가게 되었다고 해보자. 급한 마음에 필요한 준비물을 얼른 가방에 넣고 달려갔지! 그런데 워터파크에 가서 보니, 아뿔사! 가장 중요한 수영복이 빠졌지 뭐야. 한 번이라도 준비물을 다시 점검했다면 어땠을까? 그러니 마지막으로 한 번 더 검토하는 게 좋겠지?

이제 써보자.

인물의 기분이 잘 표현된 것 같아?

　사건 중심으로 이야기를 쓰다보면 인물의 마음이 잘 표현되지 않을 때가 있어. 그럴 때 독자는 고개를 갸웃거리게 되지.

　예를 들어 학교에서 반장이 "조용히 해!"라고 말했다고 해보자. 어떤 표정으로 말했느냐에 따라서 인물의 기분을 알 수 있잖아. 반장이 말할 때 표정이 찡그리는 얼굴이었어? 아니면 걱정스런 표정이었어? 작가가 표현하는 것에 따라 인물의 감정이 다르게 드러나겠지? 인물의 기분을 잘 표현해야 독자들도 그 장면을 실제 보는 것처럼 떠올릴 수 있어. 이야기 속 인물들의 감정이 잘 표현되었는지 확인해 보는 게 좋겠지?

※ 선배 꼬마 작가의 글

다음날 마리는 학교에서 책상에만 엎드려 있었다.
"마리야, 어디 아프니? 양호실 갈래?"
선생님이 물었지만 고개만 저었다. 둘기는 이 광경을 보고 마음이 아팠다.
학교가 끝나고 터덜터덜 집으로 가는 민지를 본 둘기는 큰 결심이라도 한 듯 고개를 한 번 끄덕이고 날아갔다.
학교에서는 청소당번인 인우가 바닥을 쓸고 있었다. 둘기는 교실 창문으로 들어가 인우가 안보는 사이에 편지를 인우 가방 위에 올려놓고 교실을 빠져나갔다.
다음날에도 마리는 책상에 엎드려 있었다. 그때 인우가 마리에게 다가왔다.
"마리야, 잠깐 이리 나와 봐."
마리는 얼떨결에 인우를 따라 나갔다.
복도로 나온 둘은 서로를 빤히 쳐다보았다. 마침내 인우가 입을 열었다.
"네가 보낸 편지 봤어."

마리는 깜짝 놀랐다.

"뭐? 네가 어떻게… 난….”

그때, 인우가 마리의 두 손을 꼭 잡았다.

"나도 사실 너를 좋아하고 있었어. 그런데도 난 용기를 못 냈는데…. 넌 정말 용감해.”

둘기는 이 감격스런 장면을 보고 흐뭇한 미소를 지었다.

'그래, 그렇게 용기를 냈어야지!'

그때 둘기의 머릿속을 스치고 지나가는 생각이 있었다.

'아, 돌이켜보니 나도 정말 겁쟁이였어. 그래, 나도 늦지 않았어.'

둘기는 큰 다짐이라도 한 듯 고개를 작게 끄덕이더니 하늘 위로 날아올랐다.

김동현, 〈둘기의 42번째 고백 중에서〉 중에서

이제 써보자.

친구들이 듣는다고 생각하고 읽어보기

자, 마지막으로 지금까지 쓴 이야기를 친구들이 듣고 있다고 생각하면서 천천히 읽어보자.

친구들이 너의 동화를 읽고 어떤 느낌을 받으면 좋겠어? 잘 썼다고 부러워하면 좋겠다고? 물론 그것도 좋지만, 자신이 동화를 쓰면서 생각하거나 느꼈던 점을 읽는 사람도 느낄 수 있는 게 중요해.

뭐? 너는 유기견도 소중한 생명이라는 걸 말 하고 싶었는데, 너의 글을 읽은 친구는 유기견이 골칫덩어리 개라고 했다고? 너의 생각이 왜 잘 전달되지 않은 걸까? 어떤 부분이 부족했던 거지? 어쩌면 유기견을 집에 데려 왔을 때 목욕부터 시켰던 장면을 빠뜨린 걸 수도 있어. 지금까지 쓴 글을 다시 한번 살펴보도록 하자.

이제 써보자.

5장

이야기 그림 만들기

이야기 그림 만들기

드디어 이야기 완성!
네 이야기가 드디어 한 편의 동화가 된 거야.
동화작가가 된 것을 축하해!
이대로도 한 편의 동화로 볼 수 있지만 여기에 그림을 그려 넣으면 그림동화가 되는 거야.
그동안 읽었던 책을 떠올려봐.
글만 있는 책과 그림이 함께 실린 책 중 어떤 게 더 쉽게 느껴졌어? 아마도 그림이 있는 책을 더 편하게 느꼈을 거야.

그림에는 많은 기능들이 있어.
그림은 보는 것만으로도 많은 것을 설명해 주잖아.
그림이 있는 책은 글을 모르는 사람도 그림으로 내용을 이해할 수 있으니까.

네가 쓴 글에서 미처 나타내지 못한 것이 있다면 그림으로 표현할 수도 있어.

인물의 표정이나 장소를 더 자세하게 그려낼 수도 있고.

그러니까 그림은 또 다른 이야기 다듬기야.
혹시라도 네 동화에 빠진 게 있다면 이번이 마지막 기회야.
그림에 이야기를 담아 봐.

머릿속에 있던 등장인물들을 탄생시켜 볼까?

 이야기를 완성해 오는 동안 네 머릿속에는 등장인물의 모습이 그려져 있었을 거야.

 지금까지는 아무도 모르는 너만의 친구였던 거지.

 이제 그 친구들을 책을 읽을 친구들에게도 소개해 보는 거야.

 "자, 내 친구들을 보여줄게." 하는 마음으로.

 모양도 잡아주고, 옷도 입혀주고 내 머릿속에 상상했던 대로 그리면 돼.

 주인공이 사람이라면 머리카락은 무슨 색이야? 좋아하는 옷은 어떤 스타일이야? 안경은 썼나?

※ 선배 꼬마 작가의 글

어느 날 아침, 한 버거가 인간이 되어 있었다.
그의 이름은 김버거였다.
사람이 된 그는 돈이 필요했다.
그래서 버거퀸에서 아르바이트를 하게 되었다.
하지만 동족의 죽음을 참지 못하고 뛰쳐나와 버렸다.
이제 그는 돈 한 푼 없는 거지가 되었다.
'돈을 벌어야 하는데….'
걱정을 하며 길을 가는 도중 현수막을 발견했다.

다음 날, 일어나보니 또 일요일이었다.
 '오늘도 학교에 안 가도 된다니. 그럼 오늘은 뭘 하고 놀까?'
 지민이는 종이 박스로 우거진 숲을 만들고 정글에서 살아남기 게임을 했다.
 이 게임은 우거진 숲에서 사냥도 하고 집도 짓고 싸우는 놀이다.
 그렇게 놀고 나서 TV를 보다 잠이 들었다.
 다음 날도 일요일이었다. 지민이는 주구장창 TV만 봤다.
 처음에는 신났는데 하루 종일 TV만 보니 지루하고 눈도 아팠다.

여기에 그려보자.

이야기의 장면을 나눠보자

　주인공과 등장인물들의 모습을 정했다면, 이야기의 장면을 나눠보자. 장면이란 어떤 공간에서 벌어지는 사건의 한 광경이야. 네가 만든 이야기 안에 있는 사건들이 장면이 되고, 그걸 그림으로 만들면 되는 거지. 네 이야기를 읽는 친구들도 쉽게 이해하고 재미있어 할거야.

　주인공은 어디에 살고 있어? 지금은 아침일까? 밤일까? 꼭 사실적인 배경만 그릴 필요는 없어. 기분을 표현하는 배경도 멋있겠지? 엄마가 화내는 모습을 그릴 때 배경에 번개를 그려 넣는다던지, 어지러울 때 빙글빙글 돌아가는 무늬를 표현하는 것처럼 말이야.

※ 선배 꼬마 작가의 글

이번에는 종이용이 잘난 척하면서 말했어요.
"우리 로켓을 타고 여행 하자!"
한지는 "좋아!"라고 대답했어요.
로켓은 모두를 태우고 빛의 속도로 날아갔어요.
한참 뒤에 별이 나타났어요.
종이용이 설명했어요.
"저 별은 종이별이야! 저기는 모든 게 종이로 되어 있지."
"말도 안 돼!"
"진짜야. 가보면 알 걸?"

바람이 옥민이를 어느 곳에 떨어트리고 가버렸다.
'가 어디지?'
어떤 아저씨가 옥민이를 불렀다.
'! 집현전 학자들께서 너를 찾으셨어. 빨리 나를 따라와!'
저씨는 대체 누구지?'
는 참다못해 물었다.
씨, 아저씨는 누구세요?"

"나는 아저씨가 아니고 박내관이야."
내관이 말했다. "잔말 말고 빨리 따라오너라!"
참 막무가내인 내관이었다.
옥민이는 내관을 따라갔다.
드디어 집현전에 도착했다.
"박내관, 여기가 어디죠?" 옥민이가 물었다.
"김상궁, 여기는 집현전이네!" 내관이 말했다.
집현전은 특별한 학자들이 모여 글을 연구하는 곳이다.
옥민이는 집현전 학자들을 만났다.
집현전 학자들은 어떤 책 두 권을 보고 있었다.

여기에 그려보자.

여기에 그려보자.

제목을 정해보자

이야기와 그림을 잘 맞췄다면 이제 정말 제목만 정하면 돼. 제목은 책을 읽는 사람에게 책의 내용을 짐작할 수 있게 하고, 이야기의 주제를 소개하는 역할도 하지.

제목은 벌써부터 정해 놨었다고? 대단한데! 물론 제목을 먼저 정하는 작가도 있고, 글을 쓰면서 정하는 작가도 있어. 혹은 이야기를 다 쓴 후에 제목을 정하기도 하지. 여러번 제목을 수정하는 경우도 많아.

자, 이 멋진 이야기의 제목은 뭐야?

여기에 그려보자.

키트를 이용해서 너만의 책으로 완성해봐

이 워크북에는 책을 만들 수 있는 재료들이 함께 들어있어.
겉표지를 예쁜 코팅지로 만들어 놓았고,
장면마다 사용할 수 있는 글상자 스티커도 준비했지.
키트 안에 보면 만드는 방법이 적힌 안내지가 있단다.
다 만들고 나서 작가 이름 쓰는 것도 잊지 말고.

드디어, 꼬마작가가 된 걸 축하해.

여기에 그려보자.

부록

선배 꼬마 작가의 글

콩이의 하루

양은서

고양이 콩이가 눈을 떠보니 사람들이 사는 집안이었다.
"아빠, 이 고양이가 너무 불쌍해서 데리고 왔어요."
"길고양이니?"
"네."
"여자야, 남자야?"
"고양이를 들면 알 수 있어요."
아빠가 콩이 몸을 들었다.
"어, 여자네! 암컷이구나."
"키워도 돼요?"
"안 돼!"
"왜요?"
"고양이털이 네 코에 들어가면 병원에 가야 돼."
"그럼 밖에서 키워도 돼요?"

"음… 알겠어. 밖에서 키워."
민지는 기뻤다.
콩이는 걱정을 했다.
'무서운 강아지가 있으면 어떡하지? 또 추우면 어떡하지?'
그렇지만 민지랑 아빠는 좋은 사람이었다.
콩이가 배고플 때 먹이를 줬고, 아플 때 병원에도 데려갔다.
민지는 마트를 갔다. 고양이 집이랑 사료를 샀다.
집에 와보니 고양이 콩이가 사라졌다.

"그런데 콩이가 어디 있지? 콩이야, 콩이야!"
민지는 콩이를 찾아 밖으로 나갔다.
아빠가 문 앞에서 콩이 집이랑 사료랑 들고 있었다.
"아빠, 콩이가 어디 있는지 모르겠어요."
"어! 그래? 한번 아빠가 찾아볼게."
"아, 맞다. 마트에 가기 전, 문을 안 닫았어요."
아빠는 민지의 말을 듣고 어리둥절했다.
"콩이야, 콩이야. 어디 있는 거야."
민지는 콩이를 찾아 동네 한 바퀴를 돌았다.
또 한 바퀴를 돌아도 찾을 수가 없었다.
"아빠, 콩이가 없어요!"
민지는 눈물이 터졌다.
콩이는 사실 엄마를 찾으러 갔다.
콩이는 놀이터로 갔다.
엄마를 찾기 힘들었다.
콩이는 놀이터 숲속에서 앉아 울었다.
"야옹 야옹"
그때 어디에서 울음소리가 들렸다.

콩이가 뒤를 봤더니 엄마였다.

그때 민지도 소리쳤다.

"콩이야~~~."

그러자 콩이 엄마도 소리쳤다.

"애기야, 애기야."

콩이는 누구를 골라야 할지 몰랐다.

'엄마? 아니면 민지? 엄마는 가족이어서 좋고, 민지는 집이 따뜻해서 좋고….'

콩이는 엄마한테 달려갔다.

민지는 콩이와 콩이 엄마를 보면서 이렇게 생각했다.

'콩이가 아프지 않고 잘 살면 좋겠다.'

민지가 길에서 박스를 가져와 테이프와 칼을 사용해서 콩이 집을 만들었다.

그러자 콩이가 민지한테 달려왔다.

민지에게 와서 "야옹"이라고 말했다.

민지는 콩이가 "야옹"이라고 말할 때 "고마워"라고 말하는 것 같았다.

민지는 행복했다.

마법의 운동화

김호운

얼마 전 쨉쨉이는 즐거운 초등학교에서 짭짭 초등학교 3학년으로 전학을 가게 되었다.

전학 기념으로 엄마가 운동화를 사주기로 했다.

쨉쨉이는 신이 나서 운동화를 사러갔다.

며칠 후 달리기 대회에서 신을 새신발이 필요했기 때문이다.

동네에 있는 신발 가게 간판에는 '마법의 운동화'라고 쓰여 있었다.

안으로 들어가 보니 할아버지가 쨉쨉이를 반겨주었다.

"안녕? 얘야. 신발을 사러 왔니?"

쨉쨉이는 바로 대답했다.

"네, 빨리 달릴 수 있는 신발로 주세요! 달리기 대회에서 신을 신발이요!"

 쨉쨉이는 평소 달리기가 느려 친구들한테 놀림을 받았다. 전학 온 학교에서는 더 이상 그런 놀림을 받고 싶지 않았다.
 할아버지는 곰곰이 생각하더니 날개 모양이 그려진 운동화를 집어 들었다.
 "그럼 이게 좋겠구나!"
 할아버지는 날개가 그려진 운동화 한 켤레를 조심히 포장했다.
 쨉쨉이는 할아버지가 싸주신 운동화를 들고 집으로 돌아와 둥이와 재미있게 놀았다.
 다음날 쨉쨉이는 즐거운 마음으로 운동화를 신고 학교에 갔다.

1교시는 수학시간이었다. 쨉쨉이는 수학을 좋아하지는 않았지만 싫어하지도 않았다. 수학시간이 지나고 2교시는 체육시간이었다.

'오늘 제발 달리기만 안했으면 좋겠는데….'

그런데 오늘은 이어달리기를 했다.

'왜 하필이면….'

게다가 쨉쨉이는 마지막 차례였다.

쨉쨉이는 어제 산 운동화를 내려다보았다.

'가볍고 편한 것 같아.'

드디어 쨉쨉이 차례가 되었다.

운동화가 편해서 그런지 쨉쨉이는 오늘따라 조금 빨리 뛰는 것처럼 느꼈다.

도착지점에 가자 아이들 모두 놀란 표정으로 쨉쨉이를 보았다.

"야, 너 3초 안에 백미터를 뛰었어!"

친구들뿐만 아니라 선생님도 놀란 것 같았다.

쨉쨉이 역시 놀랐다.

하지만 기분이 좋았다.

'정말 할아버지가 빨리 달릴 수 있는 신발을 골라준 건지도 몰라.'
마법의 운동화를 갖게 된 쨉쨉이는 기분이 좋았다.
쨉이는 집에 가기 전, 사물함에 교과서를 넣고 문을 닫았다.
그러자 덜컹 하는 소리가 들렸다.
'어, 무슨 소리지?'
다시 사물함을 열자 교과서 위에 쪽지 한 개가 들어있었다.
쪽지에는 이렇게 쓰여 있었다.

오늘 밤, 마법의 운동화 가게로 와!
여기서 사간 신발도 꼭 가져와!

그날 밤 쨉쨉이는 마법의 운동화 가게로 달려갔다.
마법의 운동화 가게 안에는 아무도 없었다.
쨉쨉이는 계산대 앞에서 똑똑똑 3번 두드렸다.
그제야 누군가 나왔다. 키가 작은 사람이었다.
순간 아까 낮에 프레디에게 들었던 이야기 생각났다.
"야, 너 난쟁이라고 알아?"

키가 작은 사람인데 무엇이든 잘 만들어.

특히 신발은 더욱 더."

쩝쩝이는 자신의 신발을 만든 사람이 저 난쟁이일지도 모른다는 생각이 들었다.

난쟁이는 쩝쩝이를 보자 반가워했다.

"와 줘서 고마워."

"어, 그래. 그런데 왜 나한테 쪽지를 보냈어?"

난쟁이는 미안한 표정을 지으며 말했다.

"내가 널 부른 이유는 네가 사간 운동화 때문이야.

사실 그건 아직 개발 중인 운동화야.

우리 직원이 실수로 그걸 판 것 같은데…."

쩝쩝이는 신발을 돌려달라고 할까봐 겁이 났다. 그 신발만 있으면 더 이상 놀림감이 되지 않고 달리기도 항상 1등을 할 수 있을 것 같았기 때문이다.

"난 이미 돈 주고 이 신발을 샀으니 이건 내 꺼야!"

쩝쩝이는 신발을 뺏기고 싶지 않았다.

"그 신발을 신으면 하루에 50센티가 줄어들 거야. 마치 나처럼."

쨉쨉이는 깜짝 놀랐다.

"아직 오늘 밤이 안 지났으니 기회는 있어."

"그럼 어떻게 해야 해?"

"내일이 되기 전에 네가 달리기를 했던 그 자리에 운동화를 가져다 놔야 해."

마법의 운동화를 돌려줘야한다는 생각을 하니 쨉쨉이는 몹시 슬펐다.

하지만 하루에 50센티씩 작아지고 싶지는 않았다.

"알겠어. 힘든 일도 아닌걸 뭐."

"그런데 한 가지 조건이 있어."

"그게 뭔데?"

"너 혼자 뛰는 게 아니야. 너랑 함께 뛰는 누군가보다 먼저 뛰어가야 해.

마법의 운동화를 신지 않고 말이야."

어디서 가져왔는지 난쟁이는 평소 쨉쨉이가 신던 신발을 던져 주었다.

"누구랑 같이? 그게 누군데?"

뒤를 보니 둥이가 서 있었다.

자세히 보니 짭짭이가 평소 알고 있는 둥이와 조금 달랐다. 덩치가 조금 더 크고, 이빨도 날카로웠다.

'둥이라면 얼마든지 이길 수 있지!'

둥이는 먹는 건 좋아하지만 뛰는 건 엄청 싫어했기 때문이다.

"자, 그럼 출발 준비!

하나, 둘, 셋, 시작!"

짭짭이는 마법의 운동화를 들고 천천히 출발 했다.

둥이의 달리기 실력을 알고 있었기 때문이다.

그런데 짭짭이의 생각과는 전혀 달랐다.

'시작' 소리가 들리자 둥이는 번개처럼 빠르게 달리기 시작했다.

그것을 본 짭짭이도 온 힘을 다해 빨리 달렸다.

눈앞에 학교가 보였지만 먼저 달려간 둥이는 보이지도 않았다.

짭짭이는 너무 힘들어 숨도 차고, 땀도 났다.

앉아서 쉬고 싶은 생각이 정말 컸다.

'이럴 때 마법의 운동화만 신으면 되는데….'

순간 내일 학교에서 달리기 시합이 있는 것이 생각났다.

쨉쨉이는 그 달리기 시합에 정말 나가고 싶었다.

마법의 운동화만 있다면 일등은 무조건 쨉쨉이였다.

'만약 둥이한테 지면 난 50센티나 작아질 거야.

그렇다면 달리는 게 더 힘들 거야. 아이들은 또 날 놀릴 거고….'

놀림감이 될 걸 생각하니 쨉쨉이는 힘이 났다.

온 힘을 다해 뛰자 멀리서 둥이가 보였다.

둥이 역시 많이 지쳐 보였다.

'조금만 더 힘을 내면 역전할 수 있어!'

쨉쨉이는 있는 힘을 다해 달리고 달렸다.

쨉쨉이가 둥이를 역전하자, 둥이는 날카로운 이빨로 쨉쨉이를 물려고 했다.

그래서 쨉쨉이는 더 빨리 달릴 수밖에 없었다.

둥이에게 물리면 너무 아프다는 걸 알고 있었기 때문이다.

둥이도 속도가 많이 줄어들고 있었다.

드디어 저 앞에 운동장이 보였다.

쨉쨉이는 달리기 대회에 일등을 하는 상상을 하며 전력 질주했다.

운동장에 들어서자 둥이와 쨉쨉이는 막상막하였다.

둥이가 다시 쨉쨉이를 물려고 했다.

둥이에게 물린 쨉쨉이가 털썩 넘어지며 손에 들고 있던 운동화를 떨어뜨렸다.

쨉쨉이는 너무 아파 눈을 질끈 감았다.

눈을 뜨자 쨉쨉이는 침대 위에 있었다.

쨉쨉이는 일어나자마자 거울 앞으로 뛰어갔다.

다행히 키는 그대로였다.

'모두 꿈이었던 거야?'

그날 학교에서 쨉쨉이는 달리기 대회에 자신감을 가지고 나갈 수 있었다.

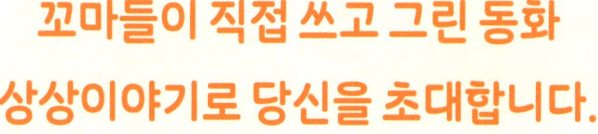

꼬마들이 직접 쓰고 그린 동화
상상이야기로 당신을 초대합니다.

앨리스와 토끼

심리기반 창의예술교육 전문기관입니다.
예술 활동(연극, 글쓰기, 미술)을 통해 아이들이 자기 자신을 존중하고,
자신의 마음을 잘 표현하는 사람으로 성장할 수 있도록 돕고 있습니다.

저자 소개

천희순
동덕여대와 숭의여대에서 아동문학을 가르치고 있으며, MBC 창작동화대상을 수상한 바 있습니다.
글 쓰는 시간이 가장 행복한 순간이 되기를 바라는 마음으로 아이들과 함께 동화를 쓰고 있습니다.

최민순
명지대학교 예술심리치료학과 겸임교수이며 앨리스와 토끼의 대표입니다.
마을의 모든 아이들이 예술속에서 건강하게 성장하기를 꿈꿉니다.

꼬마 작가를 위한 창작 동화 만들기
어린이 글쓰기 워크북

초판 1쇄 발행	2020년 11월 14일
지은이	천희순, 최민순
펴낸곳	앨리스와 토끼
주소	서울 강동구 동남로 81길 82, B1(고덕공간)
전화번호	070-4115-0913
이메일	artandmind@daum.net
블로그	blog.naver.com/alicewithrabbit
인스타그램	@4alicewithrabbit
ISBN	979-11-967797-2-6 (73800)

이 책은 저작권법에 따라 보호받는 저작물이므로 무단전재와 무단복제를 금지하며,
이 책 내용의 전부 또는 일부를 이용하려면 반드시 저작권자와 도서출판 앨리스와 토끼의
서면 동의를 받아야 합니다.